AF360018

CAMILLE,

REINE DES VOLSQUES,

TRAGÉDIE,

REPRÉSENTÉE,

POUR LA PREMIERE FOIS,

PAR L'ACADEMIE-ROYALE

DE MUSIQUE,

Le Mardi 9 Novembre 1717.

Et remise au Théâtre le Vendredi 18 Septembre 1761.

PRIX XXX SOLS.

AUX DÉPENS DE L'ACADÉMIE.

A PARIS, Chés DE LORMEL, Imprimeur de ladite Académie, rue du Foin, à l'Image Sainte Genevieve.

On trouvera des Livres de Paroles à la Salle de l'Opera.

M. DCC. LXI.

AVEC APPROBATION ET PRIVILEGE DU ROI.

Les Paroles font de feu Monfieur D A N C H E T.

La Mufique eft de feu Monfieur C A M P R A.

ACTEURS CHANTANTS
DANS LES CHŒURS.

CÔTE' DU ROI.		CÔTE' DE LA REINE.	
Mesdemoiselles.	*Messieurs.*	*Mesdemoiselles.*	*Messieurs.*
Letourneur.	Le Page.	D'alliere.	S. Martin.
La croix.	Durand.		Albert.
Durand.	Delvaux.	Massont.	L'Écuyer.
Fontenet.	Scelle.		Tourcaty.
Delor.	Rose.	Salaville.	Chappotin.
Roublot.	Robin.	Lachantrie.	Favier.
Villemont.	Antheaume.		Feret.
Héry.	Parant.	L'étienne.	Du Perrier.
	Contour.	Villenfin.	Boy.
			Laurent.

A ij

ACTEURS.

CAMILLE, *fille de* MESSEL-
LUS, *dernier Roi des Volsques*, Mlle. Chevalier.

ALMON, *Guerrier*, *attaché à*
CAMILLE, M^r. Larrivée.

AUFIDE, *Usurpateur du trône*
des Volsques, M^r. Gélin.

CORITE, *fils d'*AUFIDE, *amant*
de CAMILLE, M^r. Pillot.

RUTILE, *Guerrier*, *de la Cour*
*d'*AUFIDE, M^r. Desentis.

LA PRÊTRESSE *de la* FORTUNE, Mlle. Dubois.

ACILIE, *Confidente de* CAMILLE, Mlle. Rivier.

*Le Chef de la Garde d'*AUFIDE, M^r. Durand.

UN BERGER, M^r. Joly.

UNE VOLSQUE, Mlle. Rivier.

UN VOLSQUE, M^r. Le Petit.

BERGERS & BERGERES.

PASTRES & PASTOURELLES.

GUERRIERS *conjurés*.

PEUPLES VOLSQUES.

PRÊTRESSES *de la* FORTUNE.

SACRIFICATEURS.

LICTEURS.

La Scêne est au Pays des Volsques.

PERSONNAGES DANSANTS.

ACTE PREMIER.

BERGERS & BERGERES.

Mr. VESTRIS.   Mlle. VESTRIS.

Mrs. GROSSET, DAUBERVAL.

Mlles DUMONCEAU, CHEFDEVILLE.

Mrs. Gougi, Dubois, Simonet, Hamoche, c.

Mlles. Ray, Baſſe, Saron, Lozange.

PASTRES & PASTOURELLES.

Mr. LANY. Mclle. ALLARD.

Mrs. Béate, Cezeron.

Mlles. Bocard, l., Peſlin.

ACTE SECOND.

GUERRIERS CONJURÉS.

Mr. LAVAL.

Mrs. HYACINTE, LEGER.

Mrs. Lelievre, Trupty, Hamoche, l., Groſſet,
Rogier, l., Rogier, c., Riviere, Compioni.

ACTE TROISIEME.

PEUPLES VOLSQUES.

Mlle. ALLARD.

M^r. GARDEL.

M^rs. Bianqui , Gougi , Lelievre , Dubois, Hamoche , c. , Simonet.

Mlles, Agouffi, Baffe, Bocard, l. , Saron, Bocard, c., Lozange.

ACTE QUATRIEME.

PRÊTRESSES de la FORTUNE.

Mlle. LANY.

Mlles. Demiré , Ray , Chefdeville , Lacour, Siane, d'Ornet, Deferriere, S^t. Martin.

ACTE CINQUIEME.

PEUPLES VOLSQUES.

M^r. VESTRIS.

M^r. GARDEL, Mlle. CARVILLE.

M^r. D'AUBERVAL.

M^rs. GROSSET, DUBOIS

Mlles. DUMONCEAU, CHEFDEVILLE.

M^rs. Compioni, Trupty, Leger, Rogier, l., Riviere, Mercier.

Mlles. Demiré, Ray, Lacour, Siane, d'Ornet, S^t. Martin.

CAMILLE,
REINE DES VOLSQUES,
TRAGÉDIE.

ACTE PREMIER.

Le Théâtre repréfente une Campagne agréable, & dans l'éloignement des Hameaux.

SCENE PREMIERE.

CAMILLE, ACILIE.

ACILIE.

D'Un monftre affreux le funefte ravage
Ne dèfole plus ces climats :

Mais en vain , pour domter fa rage,
Corite avoit armé fon bras ;
Sans l'effort de votre courage,
Ce Prince, en combatant, eût trouvé le trépas.

C A M I L L E.

Lorfque Corite ici vint feconder nos armes,
Pour diffiper l'effroi d'un peuple malheureux,
Trop épris de mes foibles charmes,
Il m'ôfa déclarer fes feux.
Pour le fuir , c'eft affés de connoître fa flâme ;
L'Amour doit-il toucher mon âme ?

Almon, qui me donna le jour,
Prit foin de m'affranchir d'une indigne moleffe ;
Et , dans les forèts d'alentour,
Aux travaux de Dïane élevant ma jeuneffe ,
Comme un monftre terrible il me peignit l'Amour.

A C I L I E.

La Déèffe des bois , dont vous êtes l'image ,
Autrefois fe laiffa charmer :
Elle-même rendit hommage
Au Dieu qui fait aimer,

C A M I L L E,

De ce Dïeu dangereux vous vantés trop la gloire,
Finiffés un difcours qui doit m'être odïeux.

A C I L I E.

A C I L I E.

Je vais m'unir aux bergers de ces lieux,
Pour célébrer votre victoire.

SCENE II.

C A M I L L E , feule.

Camille, il eſt donc vrai, ta fierté ſe dément ?
Le Prince alloit perdre la vie ;
Hélas ! en ce fatal moment,
J'ai cru que la pitié m'avoit ſeule attendrie :
Je ſoûpire ? & ſes jours ne ſont plus en danger !
Non, non, il n'eſt plus tems de m'abuſer moi-même ;
Je vois tous les malheurs où je cours m'engager,
Et je ſens trop bien que je l'aime.

Quoique fils d'un tiran, dont la fureur extrême
Fit périr Meſſellus, qui régnoit en ces lieux,
Il eſt digne du dïadême ;
Sans-cèſſe ſes vertus me parlent pour ſes feux.

Mon pere vient : cachons ma foibleſſe à ſes yeux.

SCENE III.

ALMON, CAMILLE.

ALMON.

Nous vous devons, ma fille, un repos précïeux;
Vous avés signalé votre bras invincible
En abattant un monstre furïeux :
Mais il en est un, plus terrible,
Qui doit tomber sous vos coups glorïeux.

CAMILLE.

Ah ! pour vous obéir, je puis tout entreprendre.
Hâtés-vous seulement, hâtés-vous de m'apprendre
Quel monstre. . . .

ALMON.

(*à* CAMILLE.)　　　　　　　　(*à part.*)
Il n'est pas tems. Protégés-là, grands Dieux!
(*à* CAMILLE.)
A vos nobles efforts Corite doit la vie ;
Il veut de ces deserts nous arracher tous deux.

CAMILLE.

Quel dessein ! quelle est son envie?

A L M O N.

Il cherche à s'acquitter d'un fecours généreux ;
A la Cour de fon pere il prétend nous conduire.

C A M I L L E.

Aufide eft un tiran , pourrés-vous confentir ?..

A L M O N.

De mes motifs fecrèts je faurai vous inftruire :
Mais préparés - vous à partir.

C A M I L L E , à part.

Que je crains ce départ ! o ciel, dois-je le dire ?

(*à ALMON.*)
Mon pere....

A L M O N.

D'où naît cet effroi ?
Confentés au départ que le Prince defire ;
Et de votre deftin repôfés - vous fur moi.

Il fort.

C A M I L L E , feule.

Quels fecrèts importants auroit-il à m'apprendre ?
Mais Corite ici vient fe rendre.

SCENE IV.

CORITE, CAMILLE.

CORITE.

Aprés un généreux secours,
Camille, permettés à ma reconnoissance
De venir, pour - jamais, vous consacrer des jours
      Dont vous avés pris la défense ;

Vos attraits méritoient les hommages des Dieux :
      Hélas ! dans l'ardeur qui m'inspire,
      Je ne puis offrir à vos yeux
Que le don d'un cœur tendre, & l'espoir d'un
empire.

CAMILLE.

      L'éclat du souverain pouvoir
      Ne doit point flater mon envie ;
      Si j'ai défendu votre vie :
Cette gloire est le prix que j'en veux recevoir.

C O R I T E.

Ne rejettés point mon hommage !
J'ôfe encor l'efpérer d'un cœur fi généreux :
Vous confervés mes jours, achevés votre ouvrage,
Camille, rendés - les heureux.

Confentés que l'Himen d'une chaîne éternelle
Uniffe nos cœurs fous fes loix :
L'Amour ne vous forma fi belle :
Que pour vous élever au fort des plus grands rois.

C A M I L L E.

De votre rang au mien je fais trop la diftance ;
Et vous-même êtes-vous maître de votre fort ?

C O R I T E.

Quand vous m'arrachés à la mort,
Le Roi doit applaudir à ma reconnoiffance.

C A M I L L E.

Quels nobles fentiments ! qu'ils doivent m'allarmer ?

C O R I T E.

Vous allarmer ? o ciel ! craignés-vous de m'aimer ?
Partagés mon ardeur ; rempliffés mon attente,

Venés enchanter tous les yeux !

CAMILLE.

Laissés-moi, pour-jamais, dans ces sauvages lieux.
Au fond de ces deserts je serai plus constante
    A suivre un severe devoir ;
J'y saurai ranimer ma fierté chancelante :
Ah ! mon plus grand danger , Seigneur , c'est de
    vous voir.

CORITE.

Dieux , quel transport charmant ! quel doux espoir
    m'enchante *!*

    (On entend une Simphonie champêtre,

      des bergers paroîssent.)

CAMILLE.

Je vois de toutes parts les bergers des hameaux,
Pour nous offrir leurs jeux , venir sous ces or-
    meaux.

CORITE.

    Quelle contrainte pour ma flâme *!*
Au plaisir que je sens , dois-je livrer mon âme?
Adorable Camille ! ah , daignés en ce jour
M'assûrer d'un bonheur que je n'ôserois croire.

C A M I L L E.

J'en ai trop dit : je crains le pouvoir de l'Amour.
Jamais ce Dieu, fans vous, n'auroit eu cette gloire.

S C E N E V.

LES ACTEURS DE LA SCENE PRÉCÉDENTE,

BERGERS & BERGERES.

(Les Bergers viennent célébrer la victoire de Camille, &
lui rendre leurs hommages par des danses
& des chants.)

CHŒUR DE BERGERS.

CHantés, Oiseaux, que vos ramages
S'unissent à nos tendres voix ;
Amours, volés dans ces boccages,
Volés au son de nos hautbois :
Celle qui reçoit nos homages,
Soûmet tous les cœurs à vos loix.

On danse.

UN BERGER.

Venés, jeunes Bergeres,
Sortés de vos hameaux,

Dansés

Danſés ſur les fougeres

A l'ombre des ormeaux.

Nous célébrons ſur nos muſettes

L'Amour & ſes appas ;

Il inſpire nos chanſonnettes ,

Qu'il anime vos pas.

Venés , jeunes Bergeres,

Sortés de vos hameaux ,

Danſés ſur les fougeres

A l'ombre des ormeaux.

(*Le Divertiſſè ment continue.*)

C O R I T E , *à Camille.*

Le ſoin de mon amour auprès du Roi m'appelle ;

Je dois tout préparer pour vous y recevoir ;

J'eſpere bientôt vous revoir :

Almon me l'a promis , il me ſera fidele.

C

(Au Chef de ſa garde.)
Rutile , ne les quittés pas ;
Avec pompe à la Cour accompagnés leurs pas.

FIN DU PREMIER ACTE.

ACTE SECOND.

Le Théâtre repréfente une Caverne environnée d'arbres.
& au milieu un Tombeau ruftique.

SCENE PREMIERE.
ALMON, RUTILE.
RUTILE.

EN entrant dans ces lieux, je fens coûler mes
    pleurs.
O vous , Mânes facrés ! que ce tombeau me
    cache ,
Recevés le tribut que votre fort m'arache;
Foible foulagement de mes vives douleurs!
C ij

A L M O N.

Rutile, je fais votre zele,
Meffellus n'eut jamais un fujet plus fidele:
Sitôt que votre nom m'a rapellé vos traits,
Je vous ai confié le plus grand des fecrèts.

E N S E M B L E.

Goûtons la flateufe efpérance
Qui promet de combler nos vœux:
Que le plaifir de la vengeance
Eft doux pour les cœurs malheureux!

A L M O N.

J'ai pris foin d'attirer ceux que des loix cruëlles
Écartoient de la cour d'un tiran odïeux.

R U T I L E.

Il eft tems de les joindre à des amis fideles.
Que j'ai raffemblés dans ces lieux.

A L M O N.

Hâtés-vous, généreux Rutile;
Il faut leur découvrir un projet glorieux.
Au pié de ce tombeau laiffés-moi voir Camille,
Avant de l'offrir à leurs yeux.

SCENE II.
A L M O N, seul.

JE l'attends, je connois sa flâme ,
De quels coups , juste ciel ! je vais frapper son âme !
    Sombres forèts , antres affreux,
Noir séjour, redoublés l'horreur de vos ténebres ;
Offrés à ses regards les images funebres ,
    Des objèts les plus douloureux.

    Je vais rompre enfin le silence,
Je vais lui découvrir votre funeste sort ;
Ombre , errante en ces lieux , secondés mon effort ,
Par vos gémissements prèssés votre vengeance.

    Sombres forèts , antres affreux,
Noir séjour, redoublés l'horreur de vos ténebres ;
Offrés à ses regards les images funebres
    Des objèts les plus douloureux.

SCENE III.
CAMILLE, ALMON.

CAMILLE.

OU suis-je ? quel spectacle à mes yeux se présente?
Vous me voyés troublée, interdite, tremblante....
Quel est cet appareil nouveau ?
Dans le cours de mon premier âge,
Vous vous cachiés souvent dans cet antre sauvage....

ALMON.

Je venois y pleurer sur ce fatal tombeau :

CAMILLE.

Quel est donc ce mistere ? est-il impénétrable?

ALMON.

Ce tombeau, qui frappe vos yeux,
Leur dérobe un roi mémorable,
Qui méritoit, helas ! un sort plus glorïeux ;
Un perfide ennemi lui déclara la guerre :
Pour punir son forfait, les Dieux, les justes Dieux
Devoient employer leur tonnerre ;
Cependant le barbare en fut victorïeux.

C A M I L L E, *à elle.*

O Ciel ! n'êtes vous plus l'appui de l'Innocence ?

(à Almon.)

Pourſuivés, répondés à mon impatïence.

A L M O N.

Ce roi, banni de ſes états,
Victime d'un deſtin funeſte,
Avec un ſeul enfant, qu'il portoit dans ſes bras,
(D'un ſang ſi précïeux unique & triſte reſte,)
S'étoit venu cacher dans ces affreux climats :

Par l'ordre du tiran, un téméraire, un traître,
Sans reſpect du ſuprême rang,
Immola dans ce lieu ſon légitime maître ;
Et voilà le poignard encor teint de ſon ſang.

(Il préſente un poignard à Camille.)

C A M I L L E.

Qu'entends-je ? mon cœur en friſſonne !

A L M O N.

L'enfant ſeul fut ſauvé de tant d'horribles coups ;
Il eſt, par ſes vertus, digne de la couronne.

A L M O N.

Et quel eſt cet enfant?

A L M O N.

C'eſt vous.

C A M I L L E.

Moi ? de quelle terreur je me trouve ſaiſie !
Et qui vous a rendu le maître de mon ſort ?

A L M O N.

J'avois ſuivi le roi, je vous ſauvai la vie.

C A M I L L E.

Hélas ! lorſque mon pere eſt mort,
Que ne m'a-t-elle été ravie !
Mais je vois pour quels ſoins me reſervent les Dieux;

(*Elle prend le poignard de la main d'Almon.*)

Donnés-moi ce poignard... Quel ſang frappe
mes yeux !

Fer fatal , c'eſt toi que j'atteſte;
Si tu n'immoles pas un barbare aſſaſſin ,
Mon bras lavera dans mon ſein
La trace du ſang qui te reſte !

Hâtons.

Hâtons-nous, il faut nous venger :
Les moments nous font chers , nommés-moi
   le perfide.
A me taire fon nom qui peut vous engager ?
   Ne differés point...

A L M O N.

                   C'eft Aufide :

C A M I L L E.

Le pere de Corite ! o comble de malheurs !
Vous voyés à la fois & ma rage & mes pleurs.

A L M O N.

Le tiran, fur un bruit que j'eus foin de répandre,
Crut que de Meffellus un fils étoit refté ;
   Son erreur pourra vous défendre,
Et jufque dans fa cour vous mettre en fûreté :
Moi-même, après vingt ans, j'y ferai fans allarmes ;
   A-peine Aufide m'a-t-il vu.
Allons ; pour nous fauver, les Dieux prendront
   les armes :
Méritons leurs bienfaits à force de vertu.

C A M I L L E.

   Malheureufe ! que dois je faire ?
Perdrai-je mon amant ? trahirai-je mon pere ?
De quels troubles cruëls mon cœur eft combattu !...
                   D

Cèsse , Amour, d'attendrir mon âme,
Laisses-y régner la fureur ?

Dois-je encor ressentir ta flâme ,
Parmi tant de trouble & d'horreur?

Cèsse , Amour, d'attendrir mon âme,
Laisses-y régner la fureur.

E N S E M B L E.

Qu'en ce jour, de nos cœurs la vengeance s'empare,
Viens, Fureur, viens nous animer !
Courons punir un barbare ,
Hâtons-nous de nous armer.

(*R U T I L E entre avec les Conjurés.*)

SCENE IV.

CAMILLE, ALMON, RUTILE,
LES CONJURÉS.
ALMON.

VOici les défenseurs que le ciel vous destine ;
Leur courage avec vous bravera les hasards.

CHŒUR.

O ciel ! qu'elle beauté divine !
Quel objet frappe nos regards ?
Venés, vous serés satisfaite ;
Venés, nous sommes prèts à venger vos malheurs.

CAMILLE.

Avant que de quitter cette sombre retraite ,
Sur ce tombeau sacré laissons coûler nos pleurs.

*(Tous les Conjurés viennent autour du tombeau rendre les
honneurs funebres, & à la maniere des Anciens , jetter
des fleurs sur l'urne qui conserve les cendres du Roi.)*

ALMON, RUTILE.

Mânes de notre auguste Maître ,
Ombre du plus grand des héros,
Puisse-tu dans ce lieu champêtre
Jouïr d'un éternel repos !

D ij

ALMON, RUTILE, CAMILLE.
Tu vois nos fureurs légitimes;
Goûte l'espoir d'être vengé,
Le Ciel, juste ennemi des crimes,
A servir nos efforts est lui-même engagé.

ALMON.

Grands Dieux! les rois font votre image;
Qui les ôte outrager, doit périr par vos coups:
Soûtenés notre ardent courage;
Nous allons combattre pour vous.

*(Les Conjurés expriment en danſant, l'ardeur qu'ils
ont de remplir leur vengeance.)*

CAMILLE.

Guerriers, pour venger notre outrage,
Vous êtes prêts à tout tenter;
Approchés, que chacun s'engage
Par les affreux ferments que je vais vous dicter.

*(Tous les Conjurés s'aſſemblent autour du tombeau de
Meſſellus, & tenant l'épée nue d'une main, & s'ap-
puyant de l'autre ſur le tombeau, ils repetent le
ferment de Camille.)*

CAMILLE & LES CHŒURS.

Sur ce fatal tombeau, nous atteſtons la foudre,
L'effroi des parjures humains:
Grands Dieux, si le tiran ne meurt pas par nos mains,
Lancés sur nous vos traits, reduiſés-nous en poudre!

FIN DU SECOND ACTE.

ACTE TROISIEME.

Le Théâtre repréſente une Place publique de la ville d'Antium.

SCENE PREMIERE.

C O R I T E , ſeul.

Nique plaiſir de l'abſence
Eſpoir, charmant eſpoir, ſoulagés ma langueur :
Loin de l'aimable objet qui captive mon cœur,
Que j'éprouve d'impatïence !
Je ne ſaurois, ſans vous, en ſouffrir la rigueur.

Unique plaifir de l'abfence
Efpoir, charmant efpoir, foulagés ma langueur.

Fuyés, chagrins, fuyés ; Camille va paroître :
Mes pleurs vont s'arrêter, mes plaintes vont finir :
Son éloignement vous fit naître,
Bientôt, par fa préfence, elle doit vous bannir.

SCENE II.

A U F I D E , C O R I T E.

A U F I D E.

Mon fils, calmés votre tristesse ;
Camille approche de ces lieux :
Au-devant de ses pas tout le peuple s'emprèsse
D'aller rendre hommage à ses yeux :
Moi-même de mon rang je me plais à descendre ;
Je veux faire pour vous éclater mon amour :
Impatïent, je viens attendre
Cet objet si charmant, qui vous sauva le jour.

C O R I T E.

Ah, Seigneur, vos bontés ont pénétré mon âme !
Camille, pour-jamais, m'a soûmis à ses loix ;
Vous daignés approuver ma flâme,
C'est faire le bonheur des jours que je vous dois.

A U F I D E.

Elle a, par ses attraits, mérité le suffrage
De tous ceux qui suivoient vos pas :

CORITE.

Les Dieux vouloient en elle exprimer leur image;
Ils ne pouvoient unir, en formant leur ouvrage,
    Plus de vertus & plus d'appas.

AUFIDE.

Son courage, mon fils, peut m'être nécessaire.

Par les soins d'un guerrier, qui brava mon couroux,
Un fils de Messellus s'est sauvé de mes coups;
Il pourroit, quelque jour, vouloir venger son pere:
J'ignore son destin; mais Camille aujourd'hui
De mon trône, avec vous, est encore un appui.

CORITE.

    Malgré son obscure naissance,
Elle peut aspirer aux plus brillants honneurs.

AUFIDE.

    Goûtés une douce espérance:
Vous l'aimés, & l'amour égale tous les cœurs:

Aux efforts de mon bras je dois mon diadême,
    Et le trône où je suis monté:
Comme par la valeur, on peut par la beauté
    S'élever jusqu'au rang suprême.

SCENE

SCENE III.

(On entend les Chœurs des Peuples qui conduisent en triomphe CAMILLE.)

CHŒURS *de* PEUPLES.

AUFIDE, CORITE, CAMILLE.

CHŒURS *, derriere le Théâtre.*

Régnés, sur tous les cœurs , régnés, beauté charmante;
Venés, par vos attraits embellissés ces lieux.

CORITE.

Le peuple amene ici Camille trïomphante ,
L'Amour va l'offrir à mes yeux !

CHŒURS.

Régnés, sur tous les cœurs, régnés, beauté charmante ;
Venés, par vos attraits embellissés ces lieux.

CORITE, à CAMILLE.

Belle Camille, enfin mon bonheur est extrême;
Ce jour me rend tout ce que j'aime !

E

CAMILLE,

(au Roi.)

Si mes jours vous font chers, que mon pere & mon
   roi
Approuve les tranfports où fe livre mon âme !
Seigneur, voilà le bras qui s'eft armé pour moi ;
Regardés tant d'attraits, & jugés de ma flâme.

AUFIDE, à CAMILLE.

Camille, recevés l'hommage de ma cour ;
   Je dois ce prix à l'effort de vos armes :
Mon fils brûle pour vous ; mais puis - je voir vos
   charmes,
Et ne pas aprouver l'excès de fon amour ?

CAMILLE.

   Vos bontés doivent me confondre :
   Seigneur, quand je veux y répondre,
Je ne puis exprimer ce que reffent mon cœur.
Ces honneurs éclatants, que vous daignés me rendre,
   M'infpirent une vive ardeur,
Qui, pour les mériter, pourra tout entreprendre.

AUFIDE.

Votre pere en ces lieux ne s'offre point à moi !
(à fa fuite.)

Allés, fans tarder davantage,
Qu'on l'amene.

(*à* CAMILLE.)

Je veux qu'avec vous il partage
Tous les honneurs que je vous doi.

CORITE.

Chantés, Peuples, rendés hommage
A l'adorable objet qui me tient sous sa loi.

AUFIDE, CORITE.

Chantés, publiés sa victoire ;
Tout cede à sa valeur, tout cede à ses appas :
Les amours, unis à la gloire,
Volent, sans-cèsse, sur ses pas.

(*Les Peuples d'Antium repetent ces quatre vers & célé-
brent le triomphe de* CAMILLE *par des danses.*)

UNE VOLSQUE.

A la douceur des Grâces
Elle joint la fierté de la Reine des Dieux,
L'Amour est timide à ses yeux,
Et se borne à suivre ses traces.

Les Nimphes des forèts
La prennent pour Diane, à sa valeur extrême :
Aussitôt qu'elle quitte & son arc & ses traits,
Elle paroît Vénus aux yeux de l'Amour même.

On danse.

E ij

SCENE IV.

AUFIDE, CORITE, CAMILLE, ALMON, GARDES, CHŒURS DE PEUPLES.

AUFIDE, à *CAMILLE*.

Votre pere à mes yeux devroit déja paroître.

CORITE, montrant *ALMON*.

Vous le voyés, Seigneur.

AUFIDE.

    Approche de ton Maître,
Viens, mortel fortuné, jouïr de mes bienfaits;
Approche.... Eſt-ce une erreur que la crainte fait
  naître ?....
  Il cherche envain à me cacher ſes traits;
C'eſt lui !... malgré les ans, puis - je le méconnoî-
  tre ?...
Perfide !

CAMILLE.

O Ciel !

CORITE, à *AUFIDE.*

    Qu'entends-je ? juſtes Dieux !
Quel couroux menaçant éclate dans vos yeux ?

A U F I D E.

Prince , vous ignorés quel eſt ce téméraire ,
C'eſt ce même guerrier dont le fatal ſecours ,
Du fils de Meſſellus a conſervé les jours.

(*à A L M O N.*)

Traître , roms enfin le ſilence.

A L M O N.

De ces noms odïeux cèſſe de m'accâbler ;
J'ai rempli mon devoir, je brave ta vengeance:
Reſpecte ma vertu ; c'eſt à toi de trembler.
Du ſang de Meſſellus j'embraſſai la défenſe ,
Je veux , pour ton tourment , cacher toûjours
    ſon fort :
Éclate, venge-toi : qui ne craint point la mort ,
Méprife les tirans, & brave leur puiſſance.

A U F I D E.

Par les tourments éprouvons ſa conſtance,
Qu'on le charge de fers.

(*Les Gardes d'Aufide arrétent A L M O N & le dèſarment*)

C O R I T E & C A M I L L E.

Que faites-vous , hélas !

 C A M I L L E,

A U F I D E.

Je dois à la Fortune offrir un facrifice,
Il faut que ce traître périffe :
Je vais tout ordonner pour fon jufte trépas.

C O R I T E.

Implorons fa clémence, allons, fuivons fes pas.

C A M I L L E.

O Ciel, j'implore ta juftice :
Dans ce mortel danger ne l'abandonne pas !

FIN DU TROISIEME ACTE.

ACTE QUATRIEME.

Le Théâtre repréſente le Temple de la Fortune, dans la ville d'Antium.

SCENE PREMIERE.
CAMILLE, ſeule.

FORTUNE, finis mes allarmes,
Ecoute mes triſtes regrèts :
Hélas ! pour me frapper, te reſte-t-il des traits ?
Ne te lâſſe-tu point de voir coûler mes larmes ?

Ne puis-je au-moins dans mes douleurs
Sur ta legereté fonder quelque eſpérance ?
Cruëlle, n'as-tu de conſtance
Que pour m'accâbler de malheurs !

Fortune, finis mes allarmes,
Ecoute mes triſtes regrèts :

Hélas ! pour me frapper, te reste-t-il des traits ?
Ne te lâffe-tu point de voir coûler mes larmes ?

S C E N E I I.

C A M I L L E, R U T I L E.

R U T I L E.

LA Fortune à nos vœux refufe fon fecours,
Princeffe ; éloignés-vous de ce temple funefte :
  L'efpoir de défendre vos jours,
  Eft le feul efpoir qui me refte.

Tandis que votre fort eft encor ignoré,
  Cherchés un afile affûré ;
Venés...

C A M I L L E.

Moi, fuir !... Almon eft dans les chaînes.

R U T I L E.

Corite a tout tenté pour terminer fes peines,
  Mais fes efforts ont été vains :
  Son pere ne veut plus l'entendre ;
  Et par des ordres fouverains ,
Au pié de ces autels lui défend de fe rendre.

Almon

Almon brave toûjours un odïeux pouvoir ;
Le trépas n'a rien qui l'étonne ;
Il ne craint que pour vous.

C A M I L L E.

Il remplit fon devoir ;
Je fais ce que le mien m'ordonne.
Songés à vous, Rutile, allés ; & laiſſés-nous :

R U T I L E.

Ah ! fi vous périſſés, je péris avec vous.

S C E N E   I I I

AUFIDE, ALMON, CAMILLE, RUTILE,
des L I C T E U R S *armés de haches & de faiſceaux.*
Chœurs de S A C R I F I C A T E U R S *& de* P R Ê T R E S S E S
de la Fortune.

A U F I D E, *à* A L M O N.

PErfide ! viens ſubir l'arrêt de ton ſupplice.

A L M O N.

Tes barbares efforts ne peuvent m'ébranler.

A U F I D E.

Montre-moi l'ennemi que je dois immoler ;
Explique-toi ſans artifice.
Quoi ! ta bouche s'obſtine à le diſſimuler ?
(*à ſa ſuite.*)
Hâtés-vous, achevés un ſanglant ſacrifice.

C A M I L L E.

Arrêtés !...

A L M O N *appercevant* C A M I L L E.

Que vois-je, grands Dieux!
Je fremis !... Eſt-ce vous ma fille ?
Pourquoi, lorſque je meurs, vous montrer à mes
yeux ?

Unique espoir de ma famille ,
Rentrés dans vos deserts; abandonnés ces lieux.
Ma gloire m'engage au silence ,
Fidele à mon devoir, je suis prêt à périr.

AUFIDE.

Quels discours ! c'est trop les souffrir :
Venés, remplissés ma vengeance.
La Fortune pour moi daigne s'interesser ,
En me livrant ce temeraire ;
Au pié de cet autel , hâtés-vous de verser
Un sang qu'éxige ma colere ,
Frappés....

(*Les Ministres d'Aufide vont pour immoler Almon ,
Camille les arrête.*)

CAMILLE, aux Licteurs.

Ah ! suspendés vos coups,

(*à Aufide.*)

Je connois sa vertu farouche ;
Almon voit, sans pâlir, cet éclatant courroux,
Mais je sais comme lui le secret qui vous touche.

ALMON.

Je tremble....

F ij

A U F I D E, à *Camille.*

Hâtés-vous de me le découvrir...
Vous balancés ?.... il va périr....

C A M I L L E.

J'en atteste des Dieux la majesté suprême,
Si je ne vous livre moi-même
L'ennemi qui vous fait trembler;
Puisse le Maître du tonnerre
Entrouvrir sous mes pas les gouffres de la terre,
Et de ses traits brulants pour-jamais m'accâbler !

De mon pere captif faites cesser les peines;
Qu'il puisse du Palais sortir en liberté !

A U F I D E.

Rutile, qu'on brise ses chaînes;
Mais ne le quittés point.

A L M O N.

Que je suis agité !
(*Almon sort avec Rutile.*)

SCENE IV.

AUFIDE, CAMILLE,

AUFIDE.

C'Est de vous que dépend le repos de ma vie.
Votre pere a bravé mon couroux menaçant ;
Mais, vous, espérés tout d'un cœur reconnoissant,
    Si vous contentés mon envie.

CAMILLE.

Je l'ai promis ; il faut vous découvrir
    Cet objet de votre vengeance.
Lui-même, à vos regards s'il craignoit de s'offrir ;
    Il croiroit trahir sa naissance.

AUFIDE.

    Ah ! quel plaisir de me venger
    Du fier ennemi qui m'outrage !
    Ma main, conduite par la rage,
Dans son sang odieux brûle de se plonger :
    Ah ! quel plaisir de me venger
    Du fier ennemi qui m'outrage !
Quel lieu peut le cacher !

CAMILLE.

    Ce Palais.

AUFIDE.

    Justes Dieux !

Tout me jette en un trouble extrême:
Ici mon ennemi n'a point frappé mes yeux;
Je cherche vainement. . . .

C A M I L L E.

Tu le vois, c'eſt moi-même:

A U F I D E.

Vous ? o ciel !

C A M I L L E.

Ce guerrier , dont je ſauve les jours,
Pour conſerver les miens , me prêta ſon ſecours;
Pour mieux cacher mon ſort & tromper ta furie ,
Il publïa qu'un prince échappoit à tes coups.

A U F I D E.

Le perfide ! il ne peut éviter mon couroux.
Venoit-il en ces lieux attenter à ma vie ?

C A M I L L E.

'Au milieu des forèts il voulut me former;
Des traits, de javelots, il prit ſoin de m'armer;
Des tigres & des ours j'allois domter la rage :
A ces travaux ſanglants j'ôſai m'accoûtumer :
Pour punir les tirans , j'eſſayois mon courage.

A U F I D E.

Le Ciel remplit mal tes souhaits. ...

C A M I L L E.

Il est jaloux de sa victime ;
Il veut reserver à ses traits
La gloire de punir ton crime ;

Acheve, il en est tems ; rends-toi plus odïeux.
Sans-cèsse à mon esprit mon pere se présente ;
Hâte-toi de m'unir à son ombre sanglante ;
Hâte-toi d'irriter & ce Peuple & les Dieux !

(Elle sort.)

A U F I D E, *à sa suite.*

Allés, que l'on s'assûre d'elle ;
Cherchons à prévenir leur fureur criminelle.

Fortune, seconde mes vœux !
Ministres de son temple, animés votre zele ;
Implorés son pouvoir, formés de nouveaux jeux.

(*Les Prêtres & les Prêtresses de la Fortune viennent lui
rendre leurs hommages, & célébrer son pouvoir.*)

S C E N E   V.

AUFIDE, LA PRÊTRESSE DE LA FORTUNE ET LES CHŒURS, PRÉTRESSES DE LA FORTUNE, *qui entrent en danfant.*

LA PRÊTRESSE, *alternativement avec* tous les CHŒURS.

Fortune, ton fuprême empire
Embraffe le vafte Univers;
Tu te fais adorer de tout ce qui refpire,
Tu regles les deftins de la terre & des mers.

LA PRÊTRESSE ET LES PETITS CHŒURS *alternativement.*

Le matelot, tremblant au milieu de l'orage,
Implore ton fecours;
Le foldat, entraîné dans l'horreur du carnage,
Te laiffe le foin de fes jours.

LES CHŒURS.

Fortune, &c.

(*Le Divertiffement continue pendant le Chœur.*)

L 1

L A P R É T R E S S E.

La victoire, ou la mort, les plaisirs ou les peines,
  Dépendent de tes loix ;
Les sceptres, quand tu veux, se transforment en
  chaînes,
    Tu fais les captifs & les rois.

(*La Prêtresse & les Chœurs répetent les quatre premiers*
  vers ; les Peuples , qui adorent la Fortune , & les
    Prêtresses , célebrent une fête par leurs danses
      & par leurs chants.)

(*A la fin du Divertissement Corite vient sur la Scêne.*)

G

S C E N E V I.

AUFIDE, CORITE, & LES CŒURS.

A U F I D E.

Quoi, Prince, malgré ma défenfe.
Vous ôfés paroître en ces lieux !

C O R I T E.

Aux frayeurs d'un amant pardonnés cette offenfe,
Ou je vais, en mourant, l'expier à vos yeux.

Rien n'a pu m'arrêter ; je tremble pour Camille;
Ferai-je en fa faveur un effort inutile ?
     J'embraffe vos genoux,
J'ôfe vous implorer pour elle & pour moi-même:
     C'eft moi que menacent vos coups;
Vous perdés votre fils, fi je perds ce que j'aime.

A U F I D E.

Votre cœur fe doit-il partager entre nous ?

C O R I T E.

     Je vous dois à tous deux la vie;
     Je fais que je la tiens de vous,
Mais fans Camille, hélas ! le fort me l'eût ravie.

Rendés-vous à mes pleurs ;
Tout doit vous engager à finir mes malheurs.

Qu'un himen fortuné, banniſſant nos allarmes,
Affermiſſe le trône où vous êtes monté.

A U F I D E.

Mon trône !…Cet eſpoir, vos ſoûpirs & vos larmes
Balancent les tranſports de mon cœur irrité.

Dans le cœur de Camille étouffés la vengeance ;
C'eſt d'elle que dépend le ſuccès de vos feux.

C O R I T E.

Amour, à mes efforts viens joindre ta puiſſance ;
De l'amant le plus tendre aide à combler les vœux !

(*Corite ſort avec tous les Peuples & les Chœurs qui
étoient dans le temple.*)

G ij

SCENE VII.

A U F I D E , *seul.*

VA, goûte une vaine efpérance!
J'emprunte d'un himen la trompeufe apparence;
    Deux ennemis m'ont fait trembler,
Non, leur fang à mon gré ne peut trop tôt coûler.

Venés, jufte Fureur, venés tout entreprendre!
Il ne me fuffit pas du fang que j'ai verfé.
Lorfqu'au fuprême rang un mortel s'eft placé,
Il doit perdre le jour plutôt que d'en defcendre:
Venés, jufte Fureur, venés tout entreprendre!

FIN DU QUATRIEME ACTE.

ACTE CINQUIÉME.

Le Théâtre repréfente le Palais D'AUFIDE.

SCENE PREMIERE.

CAMILLE, CORITE.

CORITE.

NON, votre cœur pour moi ne fut jamais fen-
fible ;
Le Roi prépare tout pour nous unir tous deux,
Il a laiffé fléchir ce couroux fi terrible
    Qui m'ôtoit l'efpoir d'être heureux ;
    Vous feule, toûjours infléxible,
Du plus fidele amant vous rejettés les vœux !

CAMILLE.

Je gémis, avec vous, du fort qui nous opprime;
Mais, Prince, le devoir l'emporte dans mon cœur.

Fille de Meffellus, quelque amour qui m'anime,
Je ne puis d'un barbare oublïer la fureur,
Non, toutes vos vertus n'effacent point un crime
  Qui toûjours me remplit d'horreur.

  Victimes d'un devoir fevere,
Armons-nous, fans brîfer un fi tendre lïen:
Vous devés contre moi défendre votre pere;
  Et moi, je dois venger le mien.

CORITE.

  Quel difcours! Dieux, qu'il m'épouvente!
Ah, fi pour appaifer fon ombre gémiffante,
  Le fang doit coûler en ces lieux,
Vengés-là, vengés-vous fur un fils malheureux!
Vous frémiffés.... D'où vient que votre main ba-
  lance?....
Laiffés dans votre cœur dèfarmer la vengeance!
Ou, fi vous perfiftés dans un cruël deffein,
Si je ne puis fauver l'auteur de ma naiffance,
Ce fer terminera mon funefte deftin.

CAMILLE.

O fils trop généreux d'un tiran trop coupable,
De quels maux, pour-jamais, son crime nous ac-
câble !...

Mânes infortunés ! pardonnés-moi des pleurs
   Que l'amour me force à répandre :
Ah, si, pour un inftant, je cede à mes douleurs,
J'expîrai ma foiblefle, en vengeant votre cendre !

CORITE.

  Cruëlle !... Non, vous ne remplîrés pas
Ce funefte ferment, l'arrêt de mon trépas.

J'ai fait venir Almon ; j'en ôfe tout attendre ;
Près de vous l'amitié fera plus que l'amour.
Il peut en sûreté paroître en ce féjour ;
   Je vais le prèffer de s'y rendre.
        (Il fort.)

CAMILLE.

Dieux, êtes-vous contents des efforts que je fais?...
  Mais Almon vient dans ce Palais.

S C E N E II.

A L M O N , C A M I L L E.

A L M O N.

Princesse, qu'ai-je vu ? quel himen se prépare ?
Le tiran dans ces lieux fait assembler sa cour ;
Avés - vous oublié le crime d'un barbare ?
    Quoi ! de son fils vous couronnés l'amour !

C A M I L L E.

Quel outrage ! est-ce ainsi qu'Almon doit me con-
    noître ?
J'ai vu coûler les pleurs d'un Prince généreux ;
Fidele à mon devoir, je le rends malheureux :
Quelle rigueur pour lui n'ai-je pas fait paroître !

A L M O N.

Je reconnois en vous le vrai sang de mon Maître !
Venés contre un tiran seconder mon dessein.
Le Ciel m'offre un instant pour lui percer le sein,
Tandis que de l'himen il ordonne la fête :
    Nos conjurés sont dans ces lieux ;
    Et Rutile avec nous s'aprête
A venger à la fois votre pere & les Dieux :
                     Remplissons

Remplissons ce séjour d'horreur & de carnage,
Que le fer, que le feu servent notre couroux ;
Que les cris des mourants, accâblés de nos coups,
    Percent le ténébreux rivage ;
    Que l'ombre d'un roi malheureux,
    Attentive à ces cris affreux,
    S'applaudisse de notre rage !

CAMILLE.

Hélas !

ALMON.

    De ce soûpir que je suis étonné !
    Qu'est devenu ce grand courage ?

CAMILLE.

    Que mon sort est infortuné !
Cher Prince ! ah, pour tes jours que n'ai-je point à
    craindre ?

ALMON.

Sauvons-le, s'il se peut ; mais quel que soit son sort,
    C'est assés pour vous de le plaindre ;
De l'auteur de vos jours il faut venger la mort.

CAMILLE.

Cruël devoir ! o ciel ! ... Quelles lâches allarmes !
    Ah, c'en est trop, je rougis de mes larmes.

H

A L M O N.

Le peuple vient , éloignons-nous ;
Venés joindre Rutile , il n'attend plus que vous.

S C E N E I I I.

Les Peuples s'assemblent dans le Palais pour célébrer la
Fête de l'Himen.

A U F I D E , P E U P L E S.
A U F I D E.

PEuples, vous devés tous applaudir à mon choix;
Camille est le sang de nos rois ,
Et la main de mon fils l'éleve au rang suprême.
Pour chanter leur bonheur extrême
Venés unir vos voix.

Célébrés l'himen qui s'aprête ,
Que vos vœux , que vos chants en augmentent la
fête.
C H Œ U R *des* P E U P L E S.

Célébrons l'himen qui s'aprête ,
Que nos vœux , que nos chants en augmentent la
fête.
(Le Divertissement commence.)

UN *VOLSQUE.*

Regne , Himen ; dans un jour ſi beau
  Fais briller ton flambeau
  D'une flâme plus vive :

Qu'avec les plus charmants appas
L'Amour vole devant tes pas ,
Et que la conſtance les ſuive.
  Regne, Himen ; dans un jour ſi beau
  Fais briller ton flambeau.

(*Le Divertiſſement continue.*)

H ij

S C E N E IV.

AUFIDE, *le* CHEF *de la* GARDE,
CHŒUR *de* PEUPLES.

LE CHEF DE LA GARDE.

SEigneur ! . . . .

A U F I D E.

Quelles sont tes allarmes!

LE CHEF DE LA GARDE.

Rutile vous trahit, Rutile a pris les armes :
Suivi d'un peuple audacïeux,
Avec le fier Almon, il vient forcer ces lieux ;
Camille les a joints, redoutés leur courage :
Votre fils vainement s'oppôse à leur paffage.

A U F I D E.

Courons, dans un fi grand danger,
Ranimer mes foldats, périr, ou nous venger.

CHŒUR des PEUPLES.

Quel fuccès devons-nous attendre?
Déja les combattants paroîffent à nos yeux ;
Nous vous implorons, juftes Dieux !
C'eft le fang de nos rois que vous devés défendre.

SCENE DERNIERE.

CORITE, CAMILLE, ALMON.

CORITE, désarmé par les Conjurés.

Vous m'avés désarmé, cruëls ! immolés-moi ;
  Je m'offre à vos coups.... Ah ! Princesse,
Quel sang a teint ce fer qu'en nos mains j'apperçoi ?

CAMILLE, armée d'un poignard.

Corite, plains mon sort ; non toute ma tendresse
N'a pu vaincre un devoir, dont j'ai suivi la loi :
A ton tour arme-toi, que rien ne te retienne ;
J'ai rempli ma vengeance, il faut remplir la tienne.
Après tant de malheurs, je ne dois plus te voir ;
Tu ne peux être à moi ; fois tout à ton devoir :
  Imite - moi.

CORITE.

  Dieux ! qu'ôfés-vous prétendre ?
(Il prend le poignard de la main de CAMILLE & fe tue.)
Donnés, voilà le fang que ma main doit répandre.

CAMILLE.

  O Ciel ! je le perds pour toûjours !
Ah ¡ de ce même fer empruntons le fecours.

(*Elle veut prendre le poignard dont* Corite *s'est frappé,*
Almon, qui arrive sur le Théâtre, la retient.)

A L M O N.

Princesse, quel dessein!

C A M I L L E.

Quelle pitié cruëlle !
Vous prolongés mes jours !

A L M O N.

Ils ne sont plus à vous,
Ils sont à ce peuple fidele :
Venés le rendre heureux, venés régner sur nous.

CHŒUR des PEUPLES.

Venés nous rendre heureux, venés régner sur nous.

(Almon, Rutile & *tous les* Volsques *entourent*
Camille & *l'emmenent.*)

FIN DU CINQUIEME ET DERNIER ACTE.

A P P R O B A T I O N.

J'Ai lu, par ordre de Monseigneur le Chancelier, *Camille, Tragé-
die ;* & j'ai cru que le Public en verroit la réimpression avec plaisir,
A Paris, ce cinq Août 1761.

DEMONCRIF.